청년을 위한

사 순 절
묵 상 집

집콕

사순절
청년묵상

❖ 집콕 묵상 100배 즐기기

1. 나만의 묵상 장소를 확보하세요.
2. 나만의 생각, 기도, 실천을 적어보세요. (묵상을 돕기 위해 만든 잔잔한 음악이 필요하시다면 QR)
3. 나만의 이야기를 예배로 살아가기 위해 #예배를예배되게와 함께 여러분의 SNS에 포스팅해주세요! 여러분과 같은 또 다른 청년에게 응원이 됩니다.

사순절이 뭔데?

부활절을 예비하는 기간으로, 동방과 서방을 아우르는 많은 교파 전통에서 이 시기를 참회와 화해의 절기로 지키고 있다.

이 절기는 처음에는 세례 예비자들이 금식하며 집중적으로 기도하는 시기였으나 로마의 기독교 공인 이후 유아세례가 보편화되면서 지금과 같은 참회의 절기로 자리 잡았다.

개신교회들이 속한 서방교회 전통에서 사순절은 '재의 수요일(성회 수요일)'로부터 시작되어 여섯 번의 주일을 지나 부활절기로 이어진다.

- 여정훈(워십리더를 위한 교회력이야기: 올포워십 저자)

차례

사순절이 뭔데?

- 1일　예수는 정말 하나님의 아들이신가? … 6
- 2일　당신은 소중한 사람 … 8
- 3일　로고스의 위대한 희생 … 10
- 4일　유일한 소망이 되시는 예수 … 12
- 5일　너는 내 사랑하는 아들이라 … 14
- 6일　떡으로만 살 수 없는 세상 … 16
- 7일　예수의 승리가 나의 승리 … 18
- 8일　세상에서 인정받고 유명해지고 싶다 … 20
- 9일　세속주의자 & 종교주의자 … 22
- 10일　하나님이 돌보시는 세상 … 24
- 11일　신앙의 토대 … 26
- 12일　삶이 무의미하게 느껴질 때 … 28
- 13일　채울 수 없는 욕망 … 30
- 14일　삶의 만족은 사랑의 순서에 있다 … 32
- 15일　우리를 자유케 하시는 예수님 … 34
- 16일　나는 누구인가? … 36
- 17일　예수님 안에서 누리는 깊은 사랑 … 38
- 18일　우리는 하나님의 영광의 찬송이다 … 40
- 19일　주님과 함께 한 고난 … 42
- 20일　맨션으로 초대하시는 주님 … 44

21일	가장 탁월한 자기 객관화	··· 46
22일	변화의 시작	··· 48
23일	사랑받는 죄인	··· 50
24일	마음을 변화시키는 십자가의 능력	··· 52
25일	가슴 벅찬 사랑의 확증	··· 54
26일	하나님의 진노하심	··· 56
27일	마음에 깊은 안정과 평안을 누림	··· 58
28일	하나님의 긍휼하심	··· 60
29일	원수를 사랑하게 만드는 힘	··· 62
30일	독생자를 주신 하나님의 사랑	··· 64
31일	나의 대언자이신 예수 그리스도	··· 66
32일	포로 된 우리를 해방 시키러 오신 왕	··· 68
33일	나를 부르러 온 형	··· 70
34일	이웃을 사랑할 힘을 주시는 주님	··· 72
35일	성전을 엎으시는 것으로는 부족합니다	··· 74
36일	가이사의 것은 가이사에게, 하나님의 것은 하나님에	··· 76
37일	주인의 즐거움에 참여하다	··· 78
38일	죽기 전에 하고 싶으셨던 일	··· 80
39일	예수를 비방한 행악자	··· 82
40일	사순절	··· 84

말씀을 나누며(지은이의 이야기) / 편집인의 이야기

사순절 1일차

예수는 정말 하나님의 아들이신가?

"주의 성령이 내게 임하셨으니 이는 가난한 자에게 복음을 전하게 하시려고 내게 기름을 부으시고 나를 보내사 포로 된 자에게 자유를, 눈 먼 자에게 다시 보게 함을 전파하며 눌린 자를 자유롭게 하고 주의 은혜의 해를 전파하게 하려 하심이라"(눅 4:18-19).

이 말씀을 랍비나 회당장이 읽었다면 사람들에게 로마의 압제 속에서도 좌절하지 말고 소망을 가지고 견디라는 격려의 메시지로 전달될 것입니다. 하지만 예수님은 그들에게 "이 글이 오늘 너희 귀에 응하였느니라"(눅 4:21) 선포하셨습니다. 예수님의 말씀은 충격입니다. 자신을 요셉의 아들 목수로 알고 있는 이들에게 '내가 구약에 예언된 메시야다.'라고 말한 것입니다. 주님의 말씀을 듣고 판단할 수 있는 것은 그가 지금 미쳤거나, 아니면 종교사기꾼이거나, 진짜 하나님의 아들이라는 사실입니다. 최소한 예수를 훌륭한 선생이라거나 성인 중 한 명이라고 부를 수는 없습니다.

예수님의 수난을 묵상하는 사순절은 단순히 랍비의 지혜를 배우거나 성인의 희생정신을 기리기 위함이 아닙니다. 그가 미쳤거나 종교사기꾼이라고 생각된다면 묵상하기를 멈춰야 하고 그의 삶과 죽음이 결코 미친 사람이거나 종교사기꾼의 모습이 아니라고 생각된다면 그는 나의 경배를 받으셔야 할 하나님의 아들이라는 사실을 고백해야 합니다. 만약 그가 정말 하나님의 아들이었다면 그가 '오늘 너희 귀에 응하였느니라' 하신 선언은 우리의 소망이 될 것입니다.

나의 묵상

나의 기도

사순절 2일차

당신은 소중한 사람

"일어나 동네 밖으로 쫓아내어 그 동네가 건설된 산 낭떠러지까지 끌고 가서 밀쳐 떨어뜨리고자 하되 예수께서 그들 가운데로 지나서 가시니라"(눅 5:29-30).

예수의 말씀을 듣고 화가 난 사람들이 예수를 낭떠러지에서 떨어뜨려 죽이려 했습니다. 이는 민족의 반역자들에게 행해지던 이스라엘 처벌법이었지요. 하지만 예수님은 오히려 그들 가운데로 지나서 가셨습니다. 이를 두고 어떤 신학자는 예수님이 이적을 행하셔서 그들 사이를 지나가신 것이라고 추정했습니다. 그들의 눈을 멀게 하던지, 순간적으로 그들의 몸을 굳어지게 한 후에 지나갔다는 것입니다. 정확한 것은 알 수 없으나 이를 통해서 알 수 있는 분명한 사실은 예수를 죽이려 해도 인간의 능력으로는 불가능하다는 것입니다.

자신을 죽이려 하는 이들의 한 가운데를 지나서 나오실 수 있는 분이 십자가를 지고 골고다 언덕에 오르셨다는 사실은 예수가 무기력하게 끌려가신 것이 아니라 스스로 그 길을 가셨다는 것을 의미합니다. 하나님의 아들이시며 온 우주의 창조자이신 예수님이 왜 처참한 죽음의 언덕을 오르셨을까요? 그 이유는 오직 우리를 사랑하셔서 우리로 죄와 죽음으로부터 자유롭게 하시기 위함이었습니다. 예수님은 불의한 시대의 희생양이 아니라 우리를 살리기 위해 자발적으로 생명을 내던지신 우리의 참된 왕이셨습니다.

🕌 나의 묵상

.

🕌 나의 기도

사순절 3일차

로고스의 위대한 희생

"태초에 말씀이 계시니라 이 말씀이 하나님과 함께 계셨으니 이 말씀은 곧 하나님이시니라"(요 1:1).

   요한복음의 첫 구절에 나오는 말씀은 헬라어로 '로고스'입니다. 예수님 당시 헬라문화에서 로고스는 우주 만물의 운영원리와 같은 것입니다. 매일 해가 뜨고 달이 뜨며, 추위와 더위가 있고, 씨 뿌릴 때와 거둘 때가 있으며, 태어나기도 하고 죽기도 하는 모든 것의 배후에는 '로고스'가 있다고 믿었지요. 이 로고스는 모든 만물의 근원이기도 하며 모든 에너지의 원천이기도 합니다. 요한은 그 추상적인 로고스가 인간의 몸을 입고 이 땅에 내려왔으며 인간들을 구원하기 위해 십자가 위에서 죽으셨다는 것입니다.

   이 시대는 다양한 정신들이 있습니다. 어떤 이는 민주주의를 위해 목숨을 바치기도 하고, 자유를 위해 생명을 걸기도 합니다. 그리고 아주 많은 이들이 돈을 위해 몸과 마음을 다 바치기도 하지요. 그러나 그 어떤 사상이나 이념도 우리를 위해 친히 죽어주지는 못합니다. 그것들은 끊임없이 우리의 희생을 요구할 뿐입니다. 하지만 가장 위대한 우주의 힘이나 만물의 근원이신 예수님은 우리의 희생을 요구하는 것이 아니라 우리를 위해 자신을 희생하셨습니다. 왜냐하면 우리가 그 어떤 이념이나 재물보다 더 소중한 사람들이기 때문이었습니다.

⛪ 나의 묵상

⛪ 나의 기도

사순절 4일차

유일한 소망이 되시는 예수

"예수께서 제자들과 함께 바다로 물러가시니 갈릴리에서 큰 무리가 따르며 유대와 예루살렘과 이두매와 요단 강 건너편과 또 두로와 시돈 근처에서 많은 무리가 그가 하신 큰 일을 듣고 나아오는지라"(막 3:7-8).

예수님이 계신 곳으로 많은 사람들이 몰려왔습니다. '무리가 에워싸 미는 것을 피하기 위하여 작은 배를 대기'(막 3:9)해야 할 정도였습니다. 이들은 '유대와 예루살렘과 이두매와 요단 강 건너편과 또 두로와 시돈 근처'에서 온 사람들로 유대 땅 동서남북 끝에 있는 사람들과 그 너머의 이방인들을 지칭합니다. 그들은 모두 '그가 하신 큰 일을 듣고' 온 사람들이지요. 교통편이 좋은 것도 아닌데 병든 사람들과 귀신 들린 사람들, 삶의 고통에 신음하는 이들이 유대땅 변방의 시골 마을로 모여들었습니다.

예수님은 모든 시대 가장 절박한 사람들의 유일한 소망이 되어 주셨습니다. 그리고 가장 확실한 소망이 되어 주셨지요. 현대인들은 절박한 심정이 되어도 여전히 주를 찾지 않습니다. 그냥 좌절하고 포기하기보다 다른 대안이 없다면 아무리 믿기 힘든 소문일지라도 한 번쯤 진지하게 살펴보고 판단해 보는 게 지혜로운 일입니다. 우리를 창조하신 이가 우리와 같은 모습으로 이 땅에 내려와 살다가 우리를 너무나 사랑하셔서 십자가에 달려 죽으심으로 우리를 하나님의 자녀가 되게 하셨다는 말이 사실이기만 하다면 너무 매력적이잖아요.

나의 묵상

나의 기도

사순절 5일차

너는 내 사랑하는 아들이라

"백성이 다 세례를 받을 새 예수도 세례를 받으시고 기도하실 때에 하늘이 열리며 성령이 비둘기 같은 형체로 그의 위에 강림하시더니 하늘로부터 소리가 나기를 너는 내 사랑하는 아들이라 내가 너를 기뻐하노라 하시니라"(눅 3:21-22).

예수님이 공생애(공적인 삶)를 시작하시기 전 광야에서 외치는 선지자가 등장했습니다. 그는 세례를 베푸는 요한이었기에 세례 요한이라고 불립니다. 그의 세례는 메시아이신 예수님이 오신다는 것을 전하는 퍼포먼스였습니다. 예수님은 요한에게 세례를 받으심으로 공생애를 시작하셨지요. 이때 '하늘로부터 소리가 나기를 너는 내 사랑하는 아들이라 내가 너를 기뻐하노라'하는 하나님의 음성이 들렸습니다. 아직 예수님이 마귀의 시험을 이기지도 않았고 십자가를 지시지도 않았는데도 말입니다.

우리는 하나님으로부터 '너는 내 사랑하는 아들이라 내가 너를 기뻐하노라'하는 인정을 받고 싶어 열심히 신앙생활을 합니다. 그러나 주님은 자신에게 주어진 하나님의 뜻을 이루고 난 후에 받은 평가가 아니라 그 일을 시작하기도 전에 하나님의 인정을 먼저 받으셨습니다. 이것은 우리에게도 동일합니다. 우리의 믿음이 훌륭하고 선한 일을 많이 했기 때문에 하나님의 사랑을 받는 것이 아니라 아무것도 내어 드릴 것 없는 부끄러운 모습일 때 하나님이 예수님에게 말씀하시듯 '너는 내 사랑하는 아들이라 내가 너를 기뻐하노라' 말씀하셨습니다.

"너는 내 자녀라. 내가 너를 기뻐한다. 나는 너를 위해 내 아들을 십자가에 내어 줄 만큼 사랑한단다."

🕍 나의 묵상

🕍 나의 기도

사순절 6일차

떡으로만 살 수 없는 세상

"마귀가 이르되 네가 만일 하나님의 아들이어든 이 돌들에게 명하여 떡이 되게 하라 예수께서 대답하시되 기록된 바 사람이 떡으로만 살 것이 아니라 하였느니라"(눅 4:3-4).

예수님이 세례받으실 때 하나님께서 '너는 내 사랑하는 아들이라 내가 너를 기뻐하노라' 말씀하셨습니다. 우리가 이런 음성을 듣게 되면 이제 내 삶이 형통할 것이라 기대하게 마련이지요. 하지만 예수님은 '성령의 충만함'을 입고 광야에서 40일을 금식하신 후 마귀에게 시험을 받으셨습니다. 예수님은 형통한 삶 대신 굶주림과 유혹의 시간을 견디셔야 했지요. 40일을 견딘 사람에게 빵은 거절하기 힘든 유혹입니다. 누구라도 3일을 굶으면 당연히 빵을 훔치게 됩니다. 하지만 주님은 '사람이 떡으로만 살 것이 아니라' 하셨습니다.

사람이 떡으로만 사는 것이 아니라는 사실을 현대인은 깊이 공감할 수 있습니다. 오늘날은 특별히 떡 말고 정체성, 자유, 희망, 정의, 삶의 의미 등이 희미하거나 없다고 느껴지는 시대입니다. 자신이 하나님의 아들이라는 사실을 증명하기 위해 꼭 무언가를 해야 하는 것이 아닙니다. 스스로 떡을 만들어 먹을 수 있을 때 진짜 사람다운 사람이 될 거라는 마귀의 시험 앞에 우리도 무너지지 않으려면 주님 안에 거하며 주님이 나를 위해 하신 일을 믿고 그 안에 머물 때 가능합니다.

🕍 나의 묵상

🕍 나의 기도

사순절 7일차

예수의 승리가 나의 승리

"마귀가 또 예수를 이끌고 올라가서 순식간에 천하 만국을 보이며 이르되 이 모든 권위와 그 영광을 내가 네게 주리라 이것은 내게 넘겨 준 것이므로 내가 원하는 자에게 주노라 그러므로 네가 만일 내게 절하면 다 네 것이 되리라 예수께서 대답하여 이르시되 기록된 바 주 너의 하나님께 경배하고 다만 그를 섬기라 하였느니라"(눅 4:4-8).

만약 마귀가 내게 천하를 다스릴 권세를 주기만 한다면 나는 1도 고민 없이 절했을 것 같습니다. 그러나 그 권세로 당장 무엇을 해야 할지는 잘 모릅니다. 미운 사람들 다 감옥에 보내고, 갖고 싶었던 물건들 다 사들이고, 먹고 싶었던 음식 실컷 먹고 나면 금세 또 지루해지고 말겠지요. 천하를 다스릴 권세는 받았으나 돼지들을 보면서 거울을 보는 듯한 우울증에 빠질 것이 분명해 보입니다. 그럼에도 불구하고 세상 그 누구도 흉내 낼 수 없는 거룩하고 장엄하게 절할 준비가 되어 있으니 마귀가 내게 오기만 했으면 좋겠습니다.

예수님은 우리의 연약함을 너무나 잘 알고 계셨습니다. 이미 아담과 하와가 한 번 보여주기도 했지요. 40일을 굶지도 않았고 무엇을 증명해야 하는 것도 아닌데도 뱀이 나타나 선악과 먹어보라는 말에 홀라당 넘어가고 말았으니까요. 첫 사람 아담은 실패했어도 주님은 실패하지 않으셨습니다. 그리고 자신이 이기신 그 승리를 우리에게 주셨지요. 우리는 마귀의 시험 앞에 넘어져 죄 가운데 허덕이지만 우리를 대표해서 시험을 이기신 주님을 통해 우리도 승리를 누리게 하셨습니다. 내 눈에 내가 돼지 같더라도 하나님의 눈에 우리는 사랑받는 자녀입니다.

나의 묵상

나의 기도

사순절 8일차

세상에서 인정받고 유명해지고 싶다

"또 이끌고 예루살렘으로 가서 성전 꼭대기에 세우고 이르되 네가 만일 하나님의 아들이어든 여기서 뛰어내리라 기록되었으되 하나님이 너를 위하여 그 사자들을 명하사 너를 지키게 하시리라 하였고 또한 그들이 손으로 너를 받들어 네 발이 돌에 부딪치지 않게 하시리라 하였느니라 예수께서 대답하여 이르시되 주 너의 하나님을 시험하지 말라 하였느니라"(눅 4:9-12).

성전 꼭대기는 많은 사람들이 볼 수 있는 장소입니다. 대중 앞에서 물 위를 걷거나 풍랑을 잔잔케 할 수만 있다면 일약 스타가 되는 것은 일도 아니지요. 그러나 주님은 결코 자신을 위해 능력을 사용하지 않으셨습니다. 십자가 밑에서 사람들이 조롱할 때 하늘에서 우박이 떨어지게 하거나 사방에서 메뚜기가 날아오게 하실 수 있으신 분이 묵묵히 그 모든 조롱을 견뎌내셨습니다.

스파이더맨에서 밴 파커는 자신의 조카 피터 파커에게 '큰 힘에는 큰 책임이 따른다'고 조언하지요. 감당하지도 못할 힘을 구하기보다 주어진 능력 안에서 조금 부족한 듯 살아가도 '너는 내 사랑하는 아들'이라고 하시는 하나님이 내 아버지가 되신다면 그것만으로 큰 기쁨이 될 수 있습니다. 마귀의 시험 앞에 '하나님을 시험하지 말라'고 말씀하시고 조롱하는 무리 앞에서 '저들의 죄를 사하여 주옵소서' 말씀하신 예수님에게 가장 큰 힘을 맡기신 것이 얼마나 감사한 일인지요. 우리도 세상의 인정을 받기 위해 주어진 능력보다 더 큰 힘을 쓰려고 한다면 그것은 결국 마귀의 유혹 앞에 무너지는 꼴이 되고 말 것입니다.

⛪ 나의 묵상

⛪ 나의 기도

사순절 9일차

세속주의자 & 종교주의자

"그 후에 예수께서 나가사 레위라 하는 세리가 세관에 앉아 있는 것을 보시고 나를 따르라 하시니 그가 모든 것을 버리고 일어나 따르니라"(눅 5:27-28).

세리란 로마에 바칠 세금을 걷는 유대인으로 민족의 반역자와 같은 존재였습니다. 하지만 예수님이 그를 부를 때 레위는 주저하지 않고 모든 것을 버리고 일어나 주를 따랐습니다. 그가 어떤 이유에서 세리가 되었는지는 잘 모르지만 그가 영적인 것과 하나님 나라에 대해 무관심한 사람이 아니었습니다. 그러나 교회 안에는 열심히 기도하고, 십일조도 하고, 성경공부에도 열심을 내는 이유가 이 땅에서의 안녕과 자신의 성공을 위한 행위에 불과한 사람들도 있습니다. 이런 사람들을 가리켜 세족적 종교인이라고 하거나 종교적 세속인이라고 부를 수 있습니다.

예수님의 눈에 성전 안에서 금식하며 기도하는 사람들보다 비록 매국노라는 손가락질받을지언정 세리의 일을 하는 레위가 더 주님의 마음에 합당한 사람이었습니다. 주님은 사람을 외모로 보지 않으시고 중심을 보시는 분이시기 때문입니다. 그런 주님은 당신을 세상 사람들이 판단하듯 실패자나 낙오자, 혹은 구제 불능으로만 보지 않으십니다. 당신이 어떤 모습으로 있건 주님은 전혀 개의치 않으시고 목숨 바쳐 사랑하고 계십니다.

나의 묵상

나의 기도

사순절 10일차

하나님이 돌보시는 세상

"주께서 과부를 보시고 불쌍히 여기사 울지 말라 하시고 가까이 가서 그 관에 손을 대시니 멘 자들이 서는지라 예수께서 이르시되 청년아 내가 네게 말하노니 일어나라 하시매"(눅 7:13-14).

사람들은 과학이 비약적으로 발전하기 시작할 때 종교는 더 이상 우리의 삶에 필요가 없으리라 생각했습니다. 그래서 장차 종교는 소멸할 것이라고 주장했습니다. 이제 병들면 병원에 가는 것이 상식이고, 초자연적 현상을 발견하면 과학자에게 자문하는 시대가 되었으니 종교가 설 자리는 점점 없어져 가고 있는 것 같기는 합니다.

본문을 자세히 보면 나인성 청년을 살린 것이 아니라 나인성 과부의 아들을 살리셨음을 볼 수 있습니다. 죽은 자를 살리신 기적이 아니라 절망 가운데 있는 한 과부의 슬픔을 해결해 주신 것이지요. 이를 보고 사람들이 '하나님께서 자기 백성을 돌보셨다'고 외친 것은 아들이 죽고 이제는 소망이 사라져 버린 과부를 하나님이 외면하지 않으시고 돌보셨다는 의미가 담긴 말이었습니다.

병든 자를 고치고 귀신을 물리치며 죽은 자를 살리는 종교는 현대인에게 필요 없을지 몰라도 깊은 슬픔에 잠긴 자에게 진정한 위로를 줄 수 있는 종교는 여전히 필요해 보입니다. 기독교는 하나님이 세상을 사랑하셔서 독생자를 보내셨다고 합니다. 예수님은 신이 인간을 돌보고 계신다는 가장 확실한 증거입니다.

나의 묵상

나의 기도

사순절 11일차

신앙의 토대

"너희는 세상의 소금이니 소금이 만일 그 맛을 잃으면 무엇으로 짜게 하리요 후에는 아무 쓸 데 없어 다만 밖에 버려져 사람에게 밟힐 뿐이니라"(마 5:13).

신이 없다고 생각하는 사람들이라도 사람이 총에 맞아 쓰레기 더미에 버려지지 않을 천부인권을 가지고 있다는 생각에는 동의합니다. 신이 없다고 주장하면서 이런 도덕과 인권의 개념은 어디에서 나온 것일까요? 과학이나 자연에서는 인본주의적 도덕 가치의 토대를 찾아볼 수 없습니다. 오직 적자생존이거나 약육강식만이 존재하지요.

예수님은 가난하고, 병들고, 소외당하였던 사람들에게 '너희는 세상의 소금이다. 너희는 세상의 빛이다'라고 말씀하셨습니다. 이미 세상에 꼭 필요한 존재들이니 '너희의 착한 행실을 통해 사람들이 너희 아버지께 영광을 돌리게 하라'고 말씀하셨습니다. 유물론적 사고관을 가지고 있으면서 인본주의적 도덕을 추구하고 있다면 그것은 신앙이 없는 것이 아니라 너무나 터무니없는 신앙에 불과합니다. 아무런 토대가 없는 신앙은 쉽게 흔들리고 무너지기 마련입니다. 하지만 주님이 십자가에서 보여주신 사랑을 보면서 우리도 사랑하며 살기를 원하는 것은 지극히 자연스러우며 이성적인 신앙인 셈이지요. 주님은 십자가를 통해 이 세상에 꼭 필요한 사랑과 희생을 알려 주셨습니다.

⛪ 나의 묵상

⛪ 나의 기도

사순절 12일차

삶이 무의미하게 느껴질 때

"예수께서 이르시되 네가 온전하고자 할진대 가서 네 소유를 팔아 가난한 자들에게 주라 그리하면 하늘에서 보화가 네게 있으리라 그리고 와서 나를 따르라 하시니 그 청년이 재물이 많으므로 이 말씀을 듣고 근심하며 가니라"(마 19:21-22).

부자 청년은 종교적 열심과 재물까지 가진 당대 최고의 금수저였습니다. 그러나 그의 마음은 허전했고 삶의 의미는 상실된 상태였지요. 주님은 그 청년에게 모든 소유를 팔아서 가난한 자들에게 주고 주님을 따르라고 하셨습니다.

많은 철학자들이 현대를 가리켜 '상실의 시대'라고 부릅니다. 자연과학이나 유물론적 세계관 속에서는 인생의 목적 같은 것이 존재하지 않습니다. 그저 인간은 어쩌다 생겨난 우주의 먼지에 불과하기 때문이지요. 그러다 보니 현대인은 자신이 스스로 삶의 의미를 지어내려고 안간힘을 씁니다. 누구에게나 인생은 한 번뿐이라 그 어떤 삶의 의미를 지어낸다고 해도 그것이 정답이라고 확신할 수는 없기에 불안함과 두려움은 여전히 남아있게 됩니다.

인간에게 꼭 필요한 삶의 의미는 철학과 문학을 통해 교훈을 얻는다 해도 실천하기란 매우 어렵습니다. 하지만 주님은 청년에게 교훈을 주었을 뿐만 아니라 얼마 후에 십자가에서 전 재산(통으로 짠 의복)만이 아니라 생명까지도 내어주심으로 우리가 얼마나 큰 사랑을 받는 존재인지를 알게 해 주셨습니다. 결국 삶의 의미는 '지어내는' 것이 아니라 '부여받는' 것이었습니다.

나의 묵상

나의 기도

사순절 13일차

채울 수 없는 욕망

"예수께서 대답하여 이르시되 이 물을 마시는 자마다 다시 목마르려니와 내가 주는 물을 마시는 자는 영원히 목마르지 아니하리니 내가 주는 물은 그 속에서 영생하도록 솟아나는 샘물이 되리라"(요 4:13-14).

인간을 '욕망을 가진 존재'로 정의하는 철학자들이 있습니다. 아무런 욕망이 없다면 그는 사람이기보다 신선에 가까운 존재이거나 죽은 사람일 것입니다. 그러나 인간의 욕망은 무저갱처럼 끝이 없는 우물일 때가 많습니다. 아무리 채워도 채워지지 않는 갈증을 느끼게 하지요.

남편이 다섯이나 있었고 지금 또 다른 남편을 가진 여자도 갈증이 해결되지 못한 채 살아가고 있었습니다. 예수님은 수가성 우물 옆에서 이 여인을 만나 자신만이 진정한 갈증을 해결해 줄 수 있는 샘물이라고 하셨습니다. 예수님과 몇 마디 더 주고받았던 여인은 예수님이 진짜 메시아임을 알아보고 사람들에게 달려가 예수가 그리스도이심을 외쳤지요.

C.S루이스는 "내 안에 이 세상의 어떤 경험으로도 충족시킬 수 없는 갈망이 있다면, 가장 개연성 있는 설명은 내가 다른 세상을 위해 지어졌다는 것입니다."라고 말합니다. 루이스의 말대로 세상에서 채울 수 없는 욕망이 있다면 주님이 초대하시는 하나님의 나라에 귀 기울일 필요가 있습니다.

⛪ 나의 묵상

⛪ 나의 기도

사순절 14일차

삶의 만족은 사랑의 순서에 있다

"예수께서 그들에게 이르시되 내가 너희에게 묻노니 안식일에 선을 행하는 것과 악을 행하는 것, 생명을 구하는 것과 죽이는 것, 어느 것이 옳으냐 하시며 무리를 둘러보시고 그 사람에게 이르시되 네 손을 내밀라 하시니 그가 그리하매 그 손이 회복된지라"(눅 6:9-10).

서기관과 바리새인들에게 안식일 규정은 매우 중요한 율법이었습니다. 그 율법을 지키기 위해서라면 죽음이라도 불사할 각오가 되어 있었지요. 안식일 규정이 잘못된 것은 아닙니다. 안식일을 철저히 지키는 것은 하나님의 명령을 따르는 일이기도 했습니다. 하지만 그들에게 안식일 규정보다 더 소중하고 중요한 일이 있음을 알지 못한 것이 문제였습니다. 우리는 중요하고 가치 있는 것들도 순서가 있다는 사실을 잊은 채 살아가고 있습니다. 인간이 진짜 행복해지기를 원한다면 무엇이 가장 중요하고 소중한 것인지 그 순서를 알고 사랑하는 것이 매우 중요합니다.

예수님은 안식일 규정보다 손 마른 사람의 고통이 더 중요한 문제였습니다. 그 사람이 비록 서기관과 바리새인에게 고용된 미끼일지라도 중요한 일이었지요. 예수님의 십자가는 무엇이 가장 중요한 것인지를 보여주시는 상징이 되었습니다. 예수님은 자신의 생명보다 우리의 구원이 더 중요했고 자신이 하나님에게 버려지는 고통을 겪더라도 우리가 하나님의 자녀가 되는 것이 가장 가치 있는 일이라 여기셨습니다. 예수님의 사랑이 우리 안에서 가장 중요한 사랑임을 깨달을 때 우리는 비로소 참된 만족을 경험하게 됩니다.

나의 묵상

나의 기도

사순절 15일차

우리를 자유케 하시는 예수님

그러므로 예수께서 자기를 믿은 유대인들에게 이르시되 너희가 내 말에 거하면 참으로 내 제자가 되고 진리를 알지니 진리가 너희를 자유롭게 하리라"(요 8:31-32).

인간의 자유는 세상 그 어떤 것보다 소중한 것이지만 정작 그 자유를 제대로 누리고 사는 사람은 많지 않은 것이 현실입니다. 학생들은 공부에 치이고 청년들은 취업에 치이고 중년들은 생계에 치이며 자유를 반 강제로 압류된 채 살아갑니다. 그러면서도 자유롭고 싶은 욕망은 쉽게 사그라지지 않은 채 우리를 괴롭게 하지요. 우리는 사랑을 할 때 상대방을 위해 자신의 자유를 일정 부분 내려놓게 됩니다. 부모가 퇴근 후 자녀를 돌보기 위해 자신의 시간을 포기합니다. 자녀 역시도 부모의 제약을 받아들이고 부모의 사랑 안에서 살 때 자유를 경험하게 됩니다.

그래서 진정한 자유는 올바른 제약을 선택하는 것입니다. 자신을 착취하고 억압하는 감독 밑에서 금메달을 따지 못하면 인생이 망가지게 되지만 자신을 사랑해서 삶을 희생하면서까지 나를 훈련해 주는 감독이라면 금메달을 따지 못해도 훈련 그 자체만으로 큰 기쁨이 되기도 하지요. 예수님은 우리가 아무리 실패하고 넘어지고 결국 포기하게 되더라도 우리를 책망하고 버리시기는커녕 우리의 모든 잘못과 실패의 책임을 본인이 십자가 위에서 해결하시는 분이십니다. 진짜 자유는 오직 나를 위해 십자가의 길을 걸으시는 주님을 따를 때 비로소 얻게 됩니다.

🕊 나의 묵상

🕊 나의 기도

사순절 16일차

나는 누구인가?

"그러나 너희는 택하신 족속이요 왕 같은 제사장들이요 거룩한 나라요 그의 소유가 된 백성이니 이는 너희를 어두운 데서 불러 내어 그의 기이한 빛에 들어가게 하신 이의 아름다운 덕을 선포하게 하려 하심이라"(벧전 2:9).

인문학의 최대 화두는 '나는 누구인가?'입니다. 자기가 어떤 존재인지를 아는 것이 자존감의 출발점이기도 하지요. 자기 정체성이 애매할 때 삶의 방향도 의미도 모두 잃어버리게 됩니다. 옛날 마을 공동체에서 살아갈 때는 남들이 나를 부르는 것이 곧 나의 정체성이었지만 현대와 같이 개인주의화 된 사회에서는 남들의 시선보다 자신의 감정이 더 중요하게 여겨집니다. 진정한 정체성은 '내가 중요시하는 누군가가 나를 중요하게 대해줘야'한다는 전제가 깔리게 됩니다. 사랑하는 사람의 인정이나 평가가 뒷받침될 때 우리는 안정된 정체성을 가질 수 있습니다.

미국 리디머처치의 팀 켈러 목사는 '우리의 정체성은 우리가 발견하는 것이 아니라 그리스도 안에서 발견되는 것'이라고 합니다. 기독교 신앙을 가진 사람이라면 자기 자신에 대해 뭐라고 생각하는지 상관없이 하나님이 우리를 뭐라고 부르시는지를 가장 중요하게 여깁니다. 나를 창조하시고 나의 과거와 현재, 그리고 미래를 포함한 영원에 이르기까지 나를 가장 잘 아시며 나를 자기 아들보다 더 사랑하시는 분의 평가야말로 가장 정확한 자기 정체성이 될 것입니다. 우리는 모두 그리스도 안에서 새로운 피조물이 되었습니다. 그리스도 안에 있을 때 우리의 모습은 '택하신 족속이요 왕 같은 제사장들이요 거룩한 나라요 그의 소유된 백성'입니다.

🏛 나의 묵상

🏛 나의 기도

사순절 17일차

예수님 안에서 누리는 깊은 사랑

"곧 내가 그들 안에 있고 아버지께서 내 안에 계시어 그들로 온전함을 이루어 하나가 되게 하려 함은 아버지께서 나를 보내신 것과 또 나를 사랑하심 같이 그들도 사랑하신 것을 세상으로 알게 하려 함이로소이다."(요 17:23).

하나님이 세상을 창조하시기 전 삼위일체의 하나님으로 계셨습니다. 성부 성자 성령 하나님은 서로를 너무나 사랑하셨고 그 안에서 기쁨을 넘치게 누리고 계셨으며 충만한 만족이 있었지요. 하나님의 창조는 삼위일체 하나님의 사랑과 기쁨과 만족이 넘쳐흘러서 이루어졌습니다. 다른 종교나 신화에서 이야기하듯 분쟁과 다툼과 심판의 결과가 아닌 위대한 예술가가 자신의 혼을 담아 창조한 것이 우리 인간들이었습니다.

인간의 존재는 삼위일체 하나님이 누리시는 관계 속에 거하며 우리도 그 안에서 넘치는 사랑과 기쁨과 만족을 경험할 때 비로소 충만한 평안을 누리게 됩니다. 하지만 범죄한 인간은 하나님의 관계에서 멀어졌고 하나님만이 주실 수 있는 사랑과 기쁨과 만족을 하나님 아닌 다른 것에서 누리려 하다가 채워지지 않는 갈증만을 느끼며 괴로워하며 살아갑니다. 예수님이 이 땅에 오셔서 행하신 일이 바로 하나님과 단절된 관계를 회복시켜 주시는 것이었습니다. 우리의 죄가 하나님과 우리 사이를 가로막고 있으니 우리의 죄를 대신 지시고 십자가에 오르셨습니다. 그로 인해 우리는 하나님과 다시 하나 됨을 경험하게 되었고 그 안에서 비로소 온전함에 이르게 되었습니다.

나의 묵상

나의 기도

사순절 18일차

우리는 하나님의 영광의 찬송이다

"모든 일을 그의 뜻의 결정대로 일하시는 이의 계획을 따라 우리가 예정을 입어 그 안에서 기업이 되었으니 이는 우리가 그리스도 안에서 전부터 바라던 그의 영광의 찬송이 되게 하려 하심이라"(엡 1:11-12).

하나님이 모세를 통하여 '나는 여호와이니라 내가 아브라함과 이삭과 야곱에게 전능의 하나님으로 나타났으나 나의 이름을 여호와로는 그들에게 알리지 아니하였'(출 6:2-3)다고 하셨습니다. 그런데 관주성경에 보면 '전능의 하나님'을 히브리어로 '엘로힘'이 아닌 '엘샤다이'라고 쓰여 있습니다. 엘로힘은 '무슨 일이든 다 하실 수 있는 하나님'이라는 의미라면 엘샤다이는 '뜻을 정하시면 그 뜻을 이루실 능력이 충만하신 하나님'이라는 의미를 말합니다. 다시 말해 엘로힘은 '능력'을 중요하게 여기고, 엘샤다이는 '뜻'에 강조점이 있는 것이지요.

바울이 에베소 교인에게 말한 '모든 일을 그의 뜻의 결정대로 일하시는 이'가 바로 엘샤다이의 하나님입니다. 하나님은 우리가 '그의 영광의 찬송'이 되게 하시려고 뜻을 정하셨고 계획을 따라 일의 흐름과 순서를 예정하셨으며 그 일이 반드시 이뤄지게 하시는 분이십니다. 단순히 뜻을 정하기만 하셔도 그 뜻을 얼마든지 이뤄내실 수 있는 하나님이 뜻을 이루기 위해 '사랑하는 아들'이시며 '기뻐하시는 자'이신 예수를 십자가에 내어주시고 이루려 하신다면 그 일은 결코 실패하지 않습니다. 결과는 이미 정해져 있습니다. 당신은 예수님이 십자가로 보증하신 '하나님의 영광의 찬송'입니다.

🏛 나의 묵상

🏛 나의 기도

사순절 19일차

주님과 함께 한 고난

"성령이 친히 우리의 영과 더불어 우리가 하나님의 자녀인 것을 증언하시나니 자녀이면 또한 상속자 곧 하나님의 상속자요 그리스도와 함께 한 상속자니 우리가 그와 함께 영광을 받기 위하여 고난도 함께 받아야 할 것이니라"(롬 8:16-17).

사람은 누구나 삶의 어려운 순간들을 반드시 지나게 마련입니다. 사랑하는 이와의 이별이나 가족의 죽음, 사업의 실패, 좌절과 절망의 순간들을 마주하게 되지요. 이런 아픔과 슬픔을 극복하기 위해 세상에서는 고통을 외면하라고 하거나 스트레스를 관리하는 것만이 최선이라고 말합니다. 아니면 미리 보험을 들어 두라고 할 수도 있습니다. 이런 방법은 도리어 오지 않은 고난까지도 미리 예견하면서 두려워하게 만들 수 있습니다.

하나님은 우리에게 고난이 없다는 말씀은 하지 않으셨습니다. 오히려 고난이란 분명히 존재하며 어떤 의미에서는 고난을 꼭 받아야 한다고까지 말씀하십니다. 하지만 하나님은 영광을 얻기 위해 고난을 오롯이 혼자 감당하라고 하신 것은 아닙니다. '그리스도와 함께 한 상속자니 우리가 그와 함께' 영광을 받는다고 하심으로 고난 가운데 그리스도가 함께 하신다는 약속을 주셨습니다. 군대도 혼자 가는 것보다 친구와 동반 입대하는 것이 더 견디기 쉽듯이 나를 사랑하고 나를 위해 모든 잘못도 책임지시는 주님과 함께 고난을 겪는다면 우리는 능히 어떤 고난도 이기게 될 것이 분명합니다.

나의 묵상

나의 기도

사순절 20일차

맨션으로 초대하시는 주님

"가서 너희를 위하여 거처를 예비하면 내가 다시 와서 너희를 내게로 영접하여 나 있는 곳에 너희도 있게 하리라"(요 14:3).

 예수님이 제자들에게 '너희를 위하여 거처를 예비하러' 가신다고 말씀하실 때 킹제임스번역은 거처를 'mansions'로 표기했습니다. 일반적으로 맨션이라고 하면 미국이나 영국에서 갑부들이 사는 대저택을 의미합니다. 맨션의 의미는 그저 '아방궁 같은 큰 집'이라는 개념이 아니라 '맨션의 소유자와 함께 삶을 공유하고 나누는 곳'의 의미를 담고 있습니다. 즉 아미들이라면 BTS와 함께 맨션에서 산다는 것만으로도 매우 설레고 기쁠 것입니다. 주님이 말씀하신 맨션이 바로 '주님과 함께 사는 곳'이라는 개념을 담고 있습니다. 그래서 주님이 '나 있는 곳에 너희도 있게 하리라'고 약속하셨던 것입니다.

 사람들은 무엇을 소유했는지로 자신을 증명하고자 하는 욕구가 있습니다. 명품으로 치장하고 고급외제차를 몰면서 타워펠리스에서 사는 것을 최고로 여기지요. 하지만 명품이 좋은 것이지 명품을 치장하고 있는 사람이 좋은 것은 아닙니다. 그래서 에리히 프롬은 '소유냐 존재냐'라는 책도 써가며 사람은 소유로 평가되는 것이 아니라 존재로 평가되어야 한다고 합니다. 존재란 그 사람이 누구와 함께 살며 누구에게 사랑받는가로 드러납니다. 우리는 맨션 입주권을 소유한 사람이 아니라 맨션의 주인이 우리를 그 맨션으로 초대하기 위해 엄청난 희생을 치르셨다는 사실을 믿는 사람들입니다. 우리는 맨션으로 가는 길에 주님과 함께 하므로 이 땅을 나그네로 살아가는 것도 충분히 기쁨과 만족을 누릴 수 있게 되었습니다.

⛪ 나의 묵상

⛪ 나의 기도

사순절 21일차

가장 탁월한 자기 객관화

"예수께서 이르시되 나를 붙들지 말라 내가 아직 아버지께로 올라가지 아니하였노라 너는 내 형제들에게 가서 이르되 내가 내 아버지 곧 너희 아버지, 내 하나님 곧 너희 하나님께로 올라 간다 하라 하시니"(요 20:17).

사람을 동물들과 구별 짓는 특별한 능력 가운데 자기 객관화가 있습니다. 자신의 상황을 제삼자의 관점으로 들여다보는 능력을 말하는데요. 이를 엘리베이터 효과라고도 부릅니다. 바둑이나 장기를 둘 때 옆에서 훈수하는 사람이 가장 좋은 실력을 갖춘 것처럼 보일 때가 있지요. 이런 자기 객관화를 두고 현대에는 4차원적인 생각이라고도 부릅니다. 우리는 모두 시공간 안에 갇혀서 살아갑니다. 그러기에 나의 과거와 현재는 알아도 미래는 알 수 없으며 내가 사는 공간은 알아도 다른 공간에서의 일은 알 수가 없지요.

예수님은 부활하신 후 마리아를 만나셨을 때 제자들을 '내 형제들'이라고 부르셨습니다. 이는 창조주와 피조물, 혹은 하나님과 그의 백성이라는 프레임에서 한층 업그레이드된 표현입니다. 우리는 더 이상 하나님이 나와 다른 존재가 아니라 나의 아버지가 되시고, 예수님의 하나님이 우리의 하나님이 되는 순간입니다. 우리는 세상을 창조하시고 우주 만물을 운행하시는 가장 지혜로우신 하나님의 시선을 갖게 되었습니다. 나의 과거가 어떠하든, 나의 미래에 무슨 일이 벌어지든, 매일 매일의 순간은 하나님의 자녀요, 예수님의 형제로서 살아가는 삶이 됩니다. 나에 대한 가장 올바른 판단을 하실 하나님이 지금 내 상황을 어떻게 보고 계실지 생각하는 삶이 오늘을 살아가는 기독교인들의 지혜가 될 것입니다.

⛪ 나의 묵상

⛪ 나의 기도

사순절 22일차

변화의 시작

"이에 다른 배에 있는 동무들에게 손짓하여 와서 도와 달라 하니 그들이 와서 두 배에 채우매 잠기게 되었더라 시몬 베드로가 이를 보고 예수의 무릎 아래에 엎드려 이르되 주여 나를 떠나소서 나는 죄인이로소이다 하니"(눅 5:7-8).

베드로는 그의 동업자들과 함께 밤새도록 고기를 잡았으나 한 마리도 잡지 못한 날이었습니다. 깊은 절망 가운데 그물을 정리하던 베드로에게 예수님이 찾아오셔서 다시 배를 띄우게 하셨고 바다 깊은 곳에 그물을 내려 고기를 잡게 하셨습니다. 갈릴리 바다의 특성상 낮에 바다 깊은 곳에서 고기를 잡는 일은 없습니다. 일조량이 적은 밤에 수면 가까이 올라온 고기들을 그물을 던져 잡는 것이 상식이었습니다. 하지만 고기는 실제로 잡혔고 두 배에 가득 채워야 할 만큼의 엄청난 수확이었습니다.

누가복음의 저자는 이때 '시몬 베드로'가 예수님 앞에 엎드려 '주여 나를 떠나소서 나는 죄인이로소이다'라고 고백했다고 합니다. '시몬 베드로'라는 이름이 처음 등장한 것입니다. 이때를 기점으로 이 전에는 시몬으로 기록하고 이후에는 베드로라고 기록합니다. 누가는 시몬이 베드로가 되는 때를 자신이 죄인임을 고백하는 순간으로 보았습니다.

예수님이 우리를 위해 행하신 일을 볼 때 우리는 너무나 쉽게 자신은 사랑받을 만한 일을 하고 있다고 느끼곤 합니다. 하지만 이런 마음으로는 결코 구원에 이를 수 없습니다. 우리가 십자가 앞에서 맨 처음 고백해야 하는 것은 '나는 내가 생각했던 것보다 더 큰 죄인이었구나. 하나님의 아들이 나의 죄를 해결하기 위해 십자가에 죽으셨어야 할 만큼 큰 죄인이었구나.'를 고백할 때 비로소 변화는 시작됩니다.

🏛 나의 묵상

🏛 나의 기도

사순절 23일차

사랑받는 죄인

"사랑은 여기 있으니 우리가 하나님을 사랑한 것이 아니요 하나님이 우리를 사랑하사 우리 죄를 속하기 위하여 화목 제물로 그 아들을 보내셨음이라"(요일 4:10).

죄인이 심판자이신 하나님을 대하는 방식은 흔히 두 가지를 사용합니다. 하나님은 없다고 주장하거나 하나님을 화나지 않게 관리하자는 방식입니다. 그러나 기독교의 복음은 다른 이야기를 들려줍니다. 우리가 죄인인 것은 너무나 분명하지만 그것 때문에 좌절할 필요는 없습니다. 우리를 너무나 사랑하시는 하나님이 우리 죄의 문제를 당신의 아들을 통해 해결해 주셨기 때문입니다. 십자가의 사건은 내가 얼마나 큰 죄인인가를 보여주기도 하지만 동시에 내가 얼마나 큰 사랑을 받는 자녀인가를 보여주기도 합니다. 이를 두고 '그리스도 안에서 사랑받는 죄인'이라고 부릅니다.

우리를 너무나 사랑해서 간혹 내가 저지른 실수를 대신 해결해 주실 수 있는 부모님 밑에서 살아가는 아이는 정서적으로 매우 건강한 사람이 됩니다. 하지만 작은 실수 하나에도 큰 책망을 받고 살아간다면 감당하기 힘든 긴장으로 인해 공황장애를 겪거나 우울증에 빠질 위험이 커지죠. 복음은 우리가 죄인이라고 해서 하나님을 부정하거나 하나님께 인정받기 위해 철저하게 율법을 지켜야 한다고 이야기하지 않습니다. 오직 하나님의 사랑 안에서 참된 기쁨과 만족을 누리며 살아갈 때 우리는 자연스럽게 율법을 지키며 살아가는 모습을 보게 됩니다.

🛐 나의 묵상

🛐 나의 기도

사순절 24일차

마음을 변화시키는 십자가의 능력

"그러므로 형제들아 내가 하나님의 모든 자비하심으로 너희를 권하노니 너희 몸을 하나님이 기뻐하시는 거룩한 산 제물로 드리라 이는 너희가 드릴 영적 예배니라 너희는 이 세대를 본받지 말고 오직 마음을 새롭게 함으로 변화를 받아 하나님의 선하시고 기뻐하시고 온전하신 뜻이 무엇인지 분별하도록 하라"(롬 12:1-2).

유대인들은 하나님께 제사를 지낼 때 양이나 염소 혹은 집비둘기나 산비둘기 등을 자신의 형편에 맞게 준비해서 제물로 바쳐야 했습니다. 생활 형편에 따라 드리는 짐승은 다를지라도 반드시 흠이 없는 정결한 짐승으로 바쳐야만 한다는 규정이 있었지요. 비단 제물만이 아니라 제사장도 흠이 있으면 안 됩니다. 장애를 가지고 있거나 결혼에 문제가 있거나 사람들에게 비난받는 사람은 제사장이 될 수 없었습니다.

그러나 바울은 이방인이었던 로마의 교인들에게 매우 파격적인 제안을 합니다. '너희 몸을 하나님이 기뻐하시는 거룩한 산 제물로 드리라'는 것입니다. 모두가 다 혐오스럽게 보는 사람일지라도 하나님께는 신성한 제물이 될 수 있다는 말이지요. 이것은 오직 하나님의 자비하심을 근거로 주어진 축복이었습니다. 하지만 세상은 끊임없이 외모지상주의, 성과주의, 물질만능주의를 최고의 것으로 여기며 흑인이나, 여자, 장애인들, 가난하고 병든 이들을 배제해 왔던 것이 사실입니다. 그런 문화 속에서 우리는 '마음의 변화'를 받아야만 했습니다.

십자가는 내가 얼마나 추하고 무능하고 별 볼 일 없는 저주받은 인생일지라도 우리의 마음을 바꿔 능히 하나님께서 기뻐하시는 거룩한 산 제물이 될 수 있게 합니다. 예수님의 십자가는 우리를 온전케 하시는 능력이었습니다.

나의 묵상

나의 기도

사순절 25일차

가슴 벅찬 사랑의 확증

"우리가 아직 죄인 되었을 때에 그리스도께서 우리를 위하여 죽으심으로 하나님께서 우리에 대한 자기의 사랑을 확증하셨느니라"(롬 5:8).

우리가 죄인 되었을 때란 하나님을 인정하지 않았을 때를 의미합니다. 예수님께서 십자가에 달리신 것은 이 땅에 착하고 충성된 종들을 위한 구원의 행위가 아니었던 것입니다. 더 나아가 십자가가 단순히 구원을 위한 도구가 아닌 하나님의 사랑을 확증하는 수단이라는 선언이기도 합니다.

하나님이 의인도 아니고 선인도 아니며 도리어 연약하고 죄인에 불과한 우리를 위해 아들을 내어주시기까지 사랑하신다면 그 사랑을 포기하지 않으실 것임이 너무나 자명한 일입니다. 애초에 우리에게는 사랑받을만한 그 어떤 이유도 가지고 있지 않기에 우리의 상태에 따라 하나님의 사랑이 변하거나 취소되는 일은 없다는 의미이기도 합니다. 또한 하나님은 뜻을 이루는 일에 실수나 실패가 없으시기에 우리는 살면서 하나님의 사랑을 가슴 깊이 경험하는 일을 만나게 될 것이 분명합니다. 하나님은 당신은 아주 특별히 사랑하고 계십니다.

⛪ 나의 묵상

⛪ 나의 기도

사순절 26일차

하나님의 진노하심

"그러면 이제 우리가 그의 피로 말미암아 의롭다 하심을 받았으니 더욱 그로 말미암아 진노하심에서 구원을 받을 것이니"(롬 5:9).

만약 친한 친구가 나 없을 때 집에 왔다가 은행에서 온 고지서 한 통을 대신 내주었다고 합시다. 그럼 우리는 친구에게 감사를 표하기 전에 어떤 고지서였는지부터 확인해야 합니다. 온 가족이 길거리에 쫓겨날지도 모를 상황에 부닥쳤다가 친구 덕분에 집을 다시 찾았으면 가족과 함께 엎드려 절을 해도 부족할 것입니다.

예수님이 나를 위해 죗값을 대신 치르신 사건이 십자가 사건입니다. 우리는 예수님께 감사해야 하는 것이 마땅한 도리가 되겠지요. 만약 예수님이 십자가를 지시지 않았다면 내가 받을 심판이 무엇인지를 알아야 감사헌금으로 끝낼지 아니면 내 몸과 마음을 다 바쳐 그의 종으로 살 것인지가 달라집니다.

우리가 하나님의 진노에서 벗어나게 만든 사건이 십자가입니다. 그러니 우리는 십자가 앞에서 내가 받은 은혜가 무엇인지 깨닫게 된다면 엎드려 울 수밖에 없고, 남은 인생 주를 위해 살겠다는 다짐을 하게 되며, 매일 주님 앞에 경배하며 찬양하게 될 것입니다. 그런 감사를 할 수 있다는 것만으로도 우리는 벅찬 감격과 행복을 느끼게 됩니다.

✝ 나의 묵상

✝ 나의 기도

사순절 27일차

마음에 깊은 안정과 평안을 누림

"곧 우리가 원수 되었을 때에 그의 아들의 죽으심으로 말미암아 하나님과 화목하게 되었은즉 화목하게 된 자로서는 더욱 그의 살아나심으로 말미암아 구원을 받을 것이니라 그뿐 아니라 이제 우리로 화목하게 하신 우리 주 예수 그리스도로 말미암아 하나님 안에서 또한 즐거워하느니라"(롬 5:10-11).

바울이 로마서 5장을 시작하면서 제일 먼저 '하나님과 화평을 누리자'라는 말로 시작합니다. 우리는 죄를 범함으로 인해 하나님과의 관계가 깨진 존재였습니다. 더 이상 하나님으로부터 사랑과 기쁨과 만족을 누릴 수 없게 되었습니다. 그 결과 우리는 만족하지 못하는 상태에서 가난과 질병과 죽음과 소외를 경험하게 되었습니다. 이런 우리에게 주님은 다시 하나님과의 관계를 회복시켜 주시기 위해 십자가에 죽으셨습니다. 이제 우리는 하나님으로부터 영적인 모든 필요를 받아 누릴 수 있게 되었습니다. 그것만으로도 감격스러운데 바울은 그보다 더 나아가 하나님과 친밀한 관계가 되어 화평을 누릴 것을 권합니다. 이는 친한 친구와 치킨 먹으며 영화를 보고 밑도 끝도 없이 대화가 이뤄지며 그 안에서 찐한 행복을 경험하는 것을 말합니다.

하나님과 누리는 화평은 상상만으로도 매우 큰 감격과 기쁨을 가져다 줍니다. 그러나 여기서 멈추지 말고 더 나아가 '하나님 안에서 또한 즐거워'할 것을 권합니다. 바울이 사용한 즐거워하다라는 말은 다른 말로 자랑하다는 의미입니다. 사랑과 감기는 감출 수 없다고 할 때 느껴지는 어감과 비슷한 말입니다. 내게 자랑할 만한 어떤 일이 있을 때 직접 자랑을 하지 않아도 사람들이 '무슨 좋은 일이 있나봐'라고 느끼는 그런 모습이 '즐거워'하는 것입니다. 세상의 크고 작은 일에 일일이 울고 웃는 일만 사라져도 우리는 세상이 이해하지 못하고 줄 수도 없는 진정한 평안을 누리게 됩니다. 말 그대로 샬롬을 경험하게 되지요. 하나님의 샬롬이 오늘도 당신의 삶에 가득하시길 바랍니다.

⛪ 나의 묵상

⛪ 나의 기도

사순절 28일차

하나님의 긍휼하심

"여호와 하나님이 아담과 그의 아내를 위하여 가죽옷을 지어 입히시니라"(창 3:21).

간교한 뱀이 하와를 꼬드겨 선악과를 먹게 하고 하와는 이를 아담에게 나눠주어 같이 먹음으로써 하나님의 명령을 거역하게 됩니다. 하나님의 진노 앞에 아담은 하와에게 핑계를 대고 하와는 뱀에게 핑계를 대며 인류사 최초의 남탓시전이 등장하지요. 이들의 변론을 들은 하나님은 뱀은 배로 다니게 하고 여자는 임신의 고통을 겪게 하며 남자는 얼굴에 땀을 흘려야 먹고 살 수 있게 하십니다. 하지만 그 때 뜬금없이 '여호와 하나님이 아담과 그의 아내를 위하여 가죽옷을 지어 입히시니라'는 말씀이 등장합니다.

가죽옷이 상징하는 의미는 인류 최초의 직업은 의상디자이너였다라는 농담부터 예수님의 죽음을 예표하는 옷이라는 신학적 견해까지 다양하지요. 가죽옷이란 짐승을 죽여 그 가죽을 벗겨 만든 옷을 말합니다. 이는 한 짐승의 죽음을 의미하는 말이라서 창조 이후 최초의 죽음이 되기도 합니다. 하나님은 선악과를 금하실 때 '동산 각종 나무의 열매는 네가 임의로 먹되 선악을 알게 하는 나무의 열매는 먹지 말라 네가 먹는 날에는 반드시 죽으리라'(창 2:16-17)고 하셨지요. 죽음에 대한 첫 번째 언급이었고 그 이유는 선악과를 먹는 일이었습니다. 하지만 선악과는 사람이 먹었는데 첫 죽음은 짐승이 되었으니 가죽옷은 억울한 죽음을 뒤집어쓴 한 맺힌 짐승의 흔적이라고도 볼 수 있습니다. 하나님의 긍휼하심은 당신의 잘못보다 월등히 크시기에 어떤 잘못에도 하나님께 나아가 회개하기만 하면 하나님은 언제든 그리스도로 우리를 옷 입혀 주십니다.

♇ 나의 묵상

♇ 나의 기도

사순절 29일차

원수를 사랑하게 만드는 힘

"오직 너희는 원수를 사랑하고 선대하며 아무 것도 바라지 말고 꾸어 주라 그리하면 너희 상이 클 것이요 또 지극히 높으신 이의 아들이 되리니 그는 은혜를 모르는 자와 악한 자에게도 인자하시니라"(눅 6:35).

도덕지수가 아주 높은 사람과 아주 낮은 사람은 드물어도 중간쯤 어딘가에 있다고 생각하는 사람은 많습니다. 자신이 석가모니나 마더 테레사 급의 도덕성을 지니고 있다고 생각하지는 않아도 자신이 히틀러 정도의 망나니는 아니라고 생각하는 것이지요. 그럼에도 '원수를 사랑하라'는 주님의 말씀을 들으면 매우 큰 부담이 됩니다.

복음의 진수는 '원수'와 '하나님의 인자하심' 사이에 있습니다. 주님은 원수였던 나를 사랑하시고 선대해 주셨으나 자신이 받으셨어야 할 '큰 상'과 '지극히 높으신 이의 아들' 됨의 축복을 누리지 못하셨습니다. 도리어 '원수'가 받았어야 할 하나님의 심판을 받아 십자가 위에서 죽으셨고 당신이 정당하게 받으셨어야 할 '큰 상'과 '지극히 높으신 이의 아들' 자리는 우리에게 주셨습니다. 복음의 진수는 바로 주님과 우리의 자리를 바꾸는 십자가에 있습니다. 그리고 십자가의 역설을 이해하고 나면 우리도 '원수를 사랑'하게 되는 놀라운 경험을 하게 되지요. 복음이 우리로 하여금 원수를 사랑하는 사람으로 만들어 줍니다.

나의 묵상

나의 기도

사순절 30일차

독생자를 주신 하나님의 사랑

"하나님이 세상을 이처럼 사랑하사 독생자를 주셨으니 이는 그를 믿는 자마다 멸망하지 않고 영생을 얻게 하려 하심이라"(요 3:16).

유교에서 가장 기초가 되는 것은 '부자유친'입니다. 유교사상은 아버지와 아들 사이의 효에서 출발하여 이웃에 예를 갖추고 국가에 충성을 다하는 것으로 정리됩니다. 효와 예와 충이 나라를 평안하게 하는 기본 질서라는 말입니다. 부자유친의 개념에서 보면 아버지와 아들의 관계는 절대로 깨지지도 않고 깨져서도 안 되는 가장 기초적인 관계입니다. 그런데 기독교는 이 관계가 깨어지는 것으로 시작합니다. 예수님이 십자가에서 '나의 하나님 나의 하나님 어찌하여 나를 버리시나이까' 하시고 숨을 거두셨기 때문입니다. 이를 두고 예수님이 아들의 자리를 내어놓음으로 우리가 그 자리에 앉게 되었다고 이야기합니다.

그런데 왜 하나님은 아버지이고 예수님은 아들이셨던 것일까요? 성령님이 어머니가 아니신데도 말입니다. 그것은 하나님이 '세상을 사랑'하시는 그 의미를 설명하기 위해 차용된 인간의 언어일 수도 있습니다. 부자유친에서 보듯 인간이 가진 가장 귀한 것이 '독생자'입니다. 다른 이들을 위해 내 생명을 내어주는 것은 가능할지 몰라도 내 아들을 내어주는 것은 있을 수도, 있어서도 안 되기에 독생자를 내어주실 정도의 사랑이 얼마나 큰지를 알려 줍니다. 이는 인간이 가진 언어의 특성상 가장 귀중한 '독생자'라는 개념을 빌렸을 뿐 실제 하나님의 사랑은 '독생자'로는 도저히 다 표현할 수 없을 만큼 큰 사랑입니다. 하나님은 그렇게 당신을 사랑하고 계십니다.

나의 묵상

나의 기도

사순절 31일차

나의 대언자이신 예수 그리스도

"나의 자녀들아 내가 이것을 너희에게 씀은 너희로 죄를 범하지 않게 하려 함이라 만일 누가 죄를 범하여도 아버지 앞에서 우리에게 대언자가 있으니 곧 의로우신 예수 그리스도시라"(요일 2:1).

요한일서의 저자는 예수 그리스도를 우리를 위한 대언자라고 부릅니다. 이 때 사용된 단어는 '파라클레이토스'로 요한복음 14장에서 성령님을 보혜사라고 부를 때 사용했던 단어와 같은 단어입니다. 그런데 같은 단어를 요한일서에서는 대언자라고 번역하고 있습니다. 보혜사는 '곁에서 같이 걷는 친구'라는 맥락을 가지고 있고, 대언자는 '대신 변호해 주는 사람'이라는 맥락에서 사용됩니다. 결국 성령님은 우리와 동행하시는 분이시고 예수님은 하나님 앞에 우리를 변호해 주시는 분이라는 의미가 담긴 셈이지요.

만약 우리가 하나님의 심판대 앞에 서게 된다 해도 우리의 변호사는 세계에서 가장 유능한 예수 그리스도입니다. 상상을 동원해 보면 검사는 아마도 마귀가 담당할 듯싶지요. 마귀는 우리에게 온갖 죄목을 붙여 고소하게 될 것입니다. 검사 마귀와 변호사 예수님 사이에 어떤 공방이 오가든 우리는 예수님만 온전히 신뢰하고 가만히 있어야 합니다. 우리가 흔히 상상할 수 있는 변호는 '선처를 구합니다. 한 번만 더 기회를 주십시오'이거나 '죄인이 모르고 했거나 당시 상황에 심신미약이 존재했습니다' 정도입니다. 그러나 예수님의 변호는 하나님 심판대 앞에 당당히 나아가 이렇게 외치실 것입니다.

"나는 이 재판정에 정의를 강력히 요구합니다! 이 사람은 무죄입니다. 내가 그의 죗값을 십자가 위에서 내 생명으로 이미 치렀기 때문입니다."

⛪ 나의 묵상

⛪ 나의 기도

사순절 32일차

포로 된 우리를 해방 시키러 오신 왕

"예수께서 대답하시되 내 나라는 이 세상에 속한 것이 아니니라 만일 내 나라가 이 세상에 속한 것이었더라면 내 종들이 싸워 나로 유대인들에게 넘겨지지 않게 하였으리라 이제 내 나라는 여기에 속한 것이 아니니라"(요 18:36).

아침 드라마에 종종 등장하는 줄거리 중 하나는 주인공이 너무나 사랑하는 연인이 사실은 친동생이거나 이복동생이라는 내용입니다. 그런데 이런 진부한 이야기가 성경에도 등장합니다. 빌라도에게 재판받으실 때 예수님은 당신이 왕이심을 밝혔고 당신의 나라는 이 세상에 속한 것이 아닌 다른 나라라는 것입니다. 그리고 예수님은 당신의 백성을 구하러 오셨는데 우리가 그 백성이라는 이야기지요. 이 세상의 권세를 잡은 악한 세력은 포로해방의 조건으로 왕의 생명을 요구했고 왕은 당당히 자신의 생명을 내어주고 포로로 잡힌 이들이 생명의 나라로 옮겨질 수 있게 하셨답니다.

어떻게 들으면 매우 동화 같은 이야기이지만 만약 사실이기만 하다면 예수가 나의 왕이시라는 것이 매우 감격스럽고 감사한 일입니다. 그리고 더 나아가 이 이야기가 사실이었으면 좋겠다는 간절한 소망까지도 생기지요. 그러나 놀라지 마세요. 이 이야기는 정말로 사실이었고 당신은 하나님의 백성이었으며 예수님은 당신의 왕이시랍니다.

나의 묵상

나의 기도

사순절 33일차

나를 부르러 온 형

아들이 이르되 아버지 내가 하늘과 아버지께 죄를 지었사오니 지금부터는 아버지의 아들이라 일 컬음을 감당하지 못하겠나이다 하나 아버지는 종들에게 이르되 제일 좋은 옷을 내어다가 입히고 손에 가락지를 끼우고 발에 신을 신기라 그리고 살진 송아지를 끌어다가 잡으라 우리가 먹고 즐기자"(눅 15:21-23).

   탕자의 이야기는 독립적으로 존재하는 이야기가 아닙니다. 앞서 100마리 양 중에 한 마리의 양을 잃어버린 목자가 양을 찾아 헤매는 이야기와 열 드라크마를 가진 여자가 한 드라크마를 잃어버린 후 찾을 때까지 등불을 켜고 집을 쓸었다는 이야기가 있습니다. 그리고 탕자가 아버지를 만난 후 송아지를 잡고 끝나는 것이 아니라 맏아들이 등장해 탕자의 귀향을 축하하는 잔치가 벌어진 일로 매우 화를 내는 장면이 이어집니다. 즉 탕자 이야기는 잃어버린 것을 찾은 기쁨에 관해 일관성 있게 설명하는 예화들 속에 등장합니다.

   하지만 탕자의 이야기가 앞선 잃은 양과 잃은 드라크마의 비유의 두 이야기와 극명한 차이를 보이는 것은 집을 나간 탕자를 찾으러 가는, 목자나 여인 같은 역할의 인물이 등장하지 않는다는 사실입니다. 「탕부 하나님」의 저자 팀 켈러 목사는 바로 이 역할에 주목하였습니다. 탕자에게 형이 찾아가 탕자의 빚을 대신 갚아주고 탕자를 데리고 집으로 오는 역할을 했어야 한다는 것입니다. 그런데 이 이야기 속 맏아들은 탕자를 찾으러 가기는커녕 그가 집에 돌아오자 탕자를 자신의 아우로 표현하지 않고 아버지의 아들 'your son'이라고 부르며 '아버지의 살림을 창녀들과 함께 삼켜 버린 아들'이라고 정죄하지요. 결국 예수의 이야기를 듣고 있던 청중은 맏아들의 행동에 실망하고 탕자에게 진정한 형이 필요하다는 사실을 느끼게 됩니다. 팀 켈러 목사는 탕자 같은 우리에게는 진정한 형이 오셨는데 그분이 바로 예수님이라고 가르칩니다.

⛪ 나의 묵상

⛪ 나의 기도

사순절 34일차

이웃을 사랑할 힘을 주시는 주님

어떤 사마리아 사람은 여행하는 중 거기 이르러 그를 보고 불쌍히 여겨 가까이 가서 기름과 포도주를 그 상처에 붓고 싸매고 자기 짐승에 태워 주막으로 데리고 가서 돌보아 주니라"(눅 10:33-34).

우리는 강도 만난 자가 나의 이웃이고 나는 그를 도와야만 영생을 얻을 수 있을 것처럼 선한 사마리아인의 비유를 이해하곤 합니다. 그러다 보니 가난하고 병든 자들을 돕지 못하고 있는 자신을 보면서 내가 과연 구원받을만한 자격이 있는지 의심이 들곤 합니다. TV를 틀면 나오는 소년소녀가장 이야기나 기아로 허덕이는 아이들의 이야기를 보면서 돕지도 못하면서 안절부절못하게 되지요. 결국 국제구호단체의 영상들이 나오면 바로 채널을 돌리거나 애써 외면하게 됩니다.

선한 사마리아인의 비유는 이야기 구조를 먼저 이해해야 합니다. 율법교사의 영생에 관한 질문에서 시작하여 '내 이웃이 누구인가'를 거쳐 '누가 강도 만난 자의 이웃이냐'로 이어지는 구조입니다. 다시 말해 강도 만난 자가 내 이웃이 아니고 내가 바로 강도 만나 거의 죽어가는 사람이었습니다. 그런 나에게 선한 사마리아인이 나타나 구조해 주었고 나는 그 은혜에 보답하는 심정으로 이웃을 사랑하게 된다는 이야기지요. 여기서 선한 사마리아인이 예수 그리스도를 연상케 합니다. 그분은 우리가 강도 만나 죽어가고 있고 하나님의 진노 아래 놓인 것을 아시고 우리를 살리려 이 땅에 오셨으나 우리는 유대인이 사마리아인을 취급하듯 그를 애써 외면했습니다. 하지만 주님은 포기하지 않으시고 우리를 살리시려 십자가에 매달리셨던 것입니다. 즉 우리의 이웃이 누구인가 보다 더욱 중요한 것이 내게 이웃을 사랑할 힘이 있는가이지요. 예수님이 바로 우리의 마음에 사랑할 힘을 부여해 주신 분이십니다.

나의 묵상

나의 기도

사순절 35일차

성전을 엎으시는 것으로는 부족합니다

""그들이 예루살렘에 들어가니라 예수께서 성전에 들어가사 성전 안에서 매매하는 자들을 내쫓으시며 돈 바꾸는 자들의 상과 비둘기 파는 자들의 의자를 둘러 엎으시며 아무나 물건을 가지고 성전 안으로 지나다님을 허락하지 아니하시고 이에 가르쳐 이르시되 기록된 바 내 집은 만민이 기도하는 집이라 칭함을 받으리라고 하지 아니하였느냐 너희는 강도의 소굴을 만들었도다 하시매"(막 11:15-17).

이방인들은 성전 안에 들어가는 것이 불가능했기 때문에 이방인의 뜰에서라도 하나님을 찾으며 기도할 수 있게 마련해 두었습니다. 그러나 당시 종교 지도자들은 그곳을 장사하는 곳으로 이용했습니다. 이방인 중 상당수가 신앙을 찾아온 것이 아니라 당시 가장 아름다운 건물로 소문났던 3대 건축물 중 하나를 보러 온 관광객들이 대다수였기 때문이기도 합니다. 또한 멀리 타국에서 신앙을 따라서 온 유대인들에게 제물을 팔기도 하고 돈을 환전해 주기도 했던 곳으로 종교 지도자들의 주머니를 불려주는 아주 좋은 공간이었지요. 주님은 바로 그곳을 뒤집어엎으셨습니다.

인간을 변화시키는 것은 교훈이나 책망이나 심판이 아닙니다. 우리 마음에 악이 가득하다는 지적을 받아도 인간은 변하지 않으며, 우리가 집착하고 있던 어떤 것을 빼앗는다고 해서 인간이 선해질 수 있는 것도 아니지요. 도박을 끊겠다고 손을 자르면 손목으로 도박하는 게 인간입니다. 성전 청결의 사건을 보면서 주님이 우리에게 오셔서 내 마음을 뒤집어엎으시고 호되게 꾸짖으시면 변할 것 같지만 우리는 변하지 않습니다. 그저 우리 마음에 있는 모든 더러운 것을 주님이 대신 뒤집어쓰시고 십자가에 달려 돌아가셔야만 변화가 시작될 수 있습니다. 주님은 그렇게 그들의 손에 죽기로 작정하셨고, 주님은 그렇게 우리의 손에 죽임을 당하셨습니다.

나의 묵상

나의 기도

사순절 36일차

가이사의 것은 가이사에게, 하나님의 것은 하나님에게

"예수께서 말씀하시되 이 형상과 이 글이 누구의 것이냐 이르되 가이사의 것이니이다 이에 이르시되 그런즉 가이사의 것은 가이사에게, 하나님의 것은 하나님께 바치라 하시니 그들이 이 말씀을 듣고 놀랍게 여겨 예수를 떠나가니라"(마 22:20-22).

당시 이스라엘 사람들은 모두 로마의 지배를 받고 있기 때문에 한 사람당 정해진 금액의 인두세를 로마에 내야만 했습니다. 세금 논쟁의 핵심은 세금을 반드시 로마화폐로 내야만 했는데 이 화폐에 적힌 형상과 글이 문제가 되었습니다. 동전의 앞면에는 로마황제의 얼굴이 새겨져 있었고, 뒷면에는 '티베리우스 카이사르, 신의 아들 아우구스투스'라고 적혀 있었습니다. 세금을 내라고 하면 우상숭배가 되고 내지 말라고 하면 로마의 반역자가 됩니다. 예수님의 대답은 '가이사의 것은 가이사에게, 하나님의 것은 하나님께 바치라'고 하셨습니다.

이 말씀을 곰곰이 생각해 보면 가이사의 것을 구별하는 기준이 하나님의 것을 구분하는 기준으로 작용한다는 것을 알 수 있습니다. 즉 세금 낼 돈이 가이사의 것이라고 할 수 있는 것은 그의 형상과 글이 있다는 이유였습니다. 그럼 하나님의 형상과 말씀이 새겨진 자들은 모두 하나님의 것이라는 의미도 되지요. 가이사에게 인두세를 내야 하는 것처럼 우리도 하나님께 은 다섯 세겔(민 18:15-16)을 세금으로 내야 했습니다. 그리고 가장 완벽한 하나님의 형상과 말씀 그 자체이셨던 예수님이 가이사의 세금처럼 하나님께 바쳐진 사건이 십자가 사건이었지요. 하나님의 형상으로 지어졌고 하나님의 말씀을 마음에 새기며 살아가는 우리에게 예수님은 인두세가 되어 주셨기에 우리는 모두 면세가 될 수 있었습니다.

🕌 나의 묵상

🕌 나의 기도

사순절 37일차

주인의 즐거움에 참여하다

"그에게서 그 한 달란트를 빼앗아 열 달란트 가진 자에게 주라 무릇 있는 자는 받아 풍족하게 되고 없는 자는 그 있는 것까지 빼앗기리라 이 무익한 종을 바깥 어두운 데로 내쫓으라 거기서 슬피 울며 이를 갈리라 하니라"(마 25:28-30).

어떤 사람이 타국에 가면서 종들에게 각각 다섯 달란트, 두 달란트, 한 달란트를 맡기고 갔습니다. 다섯 달란트 받은 종은 다섯 달란트를 남겼고, 두 달란트 받은 종도 역시 두 달란트를 남겼습니다. 주인은 이들에게 '잘하였도다 착하고 충성된 종'이라고 칭찬하셨습니다. 하지만 한 달란트 받은 종은 땅에 묻어두었다가 그대로 꺼내 주는 바람에 '무익한 종'이라는 평가와 함께 바깥 어두운 데로 쫓겨나 슬피 울며 이를 가는 신세가 되어 버렸지요.

인류 역사상 '착하고 충성된 종'은 오직 한 분 예수 그리스도셨습니다. 모든 사람은 '죄를 범하였으매 하나님의 영광에 이르지 못하'였죠.(롬 3:23) 결국 달란트 비유에 등장하는 종 중 우리의 자리는 한 달란트 받은 종의 자리뿐입니다. 그런데 이 비유를 말씀하신 후 이삼일 뒤에 예수님이 십자가를 지고 영문 밖으로 끌려가 실제로 해가 빛을 잃어 어두워진 가운데 슬피 우는 일이 벌어지고 말았습니다. 주인은 무익한 종을 벌하려 했는데 주인의 아들이 나타나 그 벌을 대신 받으시는 기막힌 사건이 십자가 위에서 벌어진 것입니다. 그 결과 우리는 그분이 받으셔야 했던 '착하고 충성된 종아 네가 적은 일에 충성하였으매 내가 많은 것을 네게 맡기리니 네 주인의 즐거움에 참여할지어다'라는 주인의 음성을 듣게 되었고 실제로 주인의 자녀가 되어 주인의 상에서 먹고 마시는 기쁨을 누리게 되었습니다.

나의 묵상

나의 기도

사순절 38일차

죽기 전에 하고 싶으셨던 일

"저녁 잡수시던 자리에서 일어나 겉옷을 벗고 수건을 가져다가 허리에 두르시고 이에 대야에 물을 떠서 제자들의 발을 씻으시고 그 두르신 수건으로 닦기를 시작하여"(요 13:4).

잭 니콜슨과 모건 프리먼이 연기한 '버킷리스트'라는 영화가 있습니다. 그들은 죽기 전에 꼭 해보고 싶은 것들을 적어두고 애드워드의 재력을 바탕으로 버킷리스트를 실천해 나가는데요. 그 중 애드워드의 버킷리스트에 '가장 아름다운 미녀와 키스하기'가 들어 있었습니다.

예수님도 시한부 인생이 되셨습니다. 바로 내일이면 십자가를 지고 골고다에 오르셔야 했지요. 주님이 십자가를 지시기 전 꼭 하고 싶으셨던 일이 있었습니다. 바로 제자들의 발을 씻겨 주는 일이었습니다. 예수님의 버킷리스트 역시 제게는 애드워드의 버킷리스트 만큼이나 이해되지 않는 행동입니다. 그러나 요한복음 13장 1절은 왜 예수님이 제자들의 발을 씻기고 싶으셨는지에 대한 힌트가 나옵니다.

"유월절 전에 예수께서 자기가 세상을 떠나 아버지께로 돌아가실 때가 이른 줄 아시고 세상에 있는 자기 사람들을 사랑하시되 끝까지 사랑하시니라"

죽기 전에 하고 싶은 일이 '가장 아름다운 미녀와 키스하기'였던 애드워드가 의절했던 딸을 찾아가 화해하고 거기서 외손녀를 만나 키스하는 것을 보고 진한 감동을 받았습니다. 죽기 전에 자신이 사랑했던 이들을 끝까지 사랑하는 것이 소원이셨던 주님에게 내 발을 내어 드리며 주체할 수 없는 눈물을 흘립니다.

나의 묵상

나의 기도

사순절 39일차

예수를 비방한 행악자

"달린 행악자 중 하나는 비방하여 이르되 네가 그리스도가 아니냐 너와 우리를 구원하라 하되"(눅 23:39).

예수님이 잡히시던 날은 유월절이 시작되기 전날이었습니다. 유월절이 시작되기 전 예수를 죽여 버리고 싶었던 종교 지도자들이 예수를 행악자 중에 한 사람으로 보이게 만들려고 많은 사람이 이미 알고 있었던 유명한 강도 둘을 꺼내함께 십자가형을 집행하게 됩니다. 이들이 예수께 느꼈던 원망은 상상하기도 힘들 만큼 컸을 것입니다. 그래서 예수를 비방하며 '네가 그리스도가 아니냐 너와 우리를 구원하라'며 조롱했습니다.

실제로 우리가 그동안 기도했던 패턴을 살펴보면 행악자가 했던 비방의 내용과 비슷합니다. 주로 '만약 하나님이 계시다면... 만약 나를 사랑하신다면... 만약 일말의 긍휼하심이라도 베푸실 수 있다면...'으로 시작되어 이것저것 나의 간구에 응답해 달라고 소리쳤지요. 어쩌면 우리가 그 행악자보다 더 큰 죄인일지도 모릅니다. 최소한 우리는 예수 때문에 십자가에 죽게 생긴 것은 아니니까요.

우리의 교만은 '나도 두 행악자와 다름없는 죄인이다'라며 겸손한 척하지만 '그래도 비방한 행악자는 아니고 예수를 변호하던 행악자 정도는 된다'는 착각에 빠져있다는 것입니다. 하지만 십자가 사건에서 우리가 서 있을 수 있는 자리는 잘해야 비방한 행악자이고 보통은 예수를 비웃고 조롱하던 무리 중 한 사람의 자리에 있습니다. 그보다 예수의 손과 발에 못을 박는 사형집행자의 자리에 있을지도 모릅니다. 그 자리에서 우리는 주의 음성을 듣습니다.

"아버지 저들을 사하여 주옵소서 자기들이 하는 것을 알지 못함이니이다"(눅 23:34)

🛐 나의 묵상

🛐 나의 기도

사순절 40일차

하나님의 진노하심

"그 사람들이 그같이 하여 젖 나는 소 둘을 끌어다가 수레를 메우고 송아지들은 집에 가두고 여호와의 궤와 및 금 쥐와 그들의 독종의 형상을 담은 상자를 수레 위에 실으니 암소가 벧세메스 길로 바로 행하여 대로로 가며 갈 때에 울고 좌우로 치우치지 아니하였고 블레셋 방백들은 벧세메스 경계선까지 따라 가니라"(삼상 6:10-12).

이스라엘은 엘리제사장이 다스리던 시절에 블레셋과의 전쟁이 잦았습니다. 잇따른 패전 소식에 엘리제사장의 두 아들 홉니와 비느하스가 여호와의 언약궤를 들고 전쟁에 참여했다가 이스라엘의 병사 삼만 명이 죽고 언약궤마저 블레셋에 빼앗기고 말았지요. 홉니와 비느하스도 이 전쟁으로 죽임을 당했고 그 소식을 전해 들은 엘리제사장도 자기 의자에서 뒤로 넘어져 목이 부러져 죽고 말았습니다.

이스라엘의 신물이었던 언약궤를 빼앗은 블레셋은 자신들의 도시들을 순회하며 언약궤를 전리품처럼 전시했습니다. 그러나 언약궤가 전시되는 곳마다 그들의 다곤 신상이 넘어져 머리와 두 손목이 끊어지고 몸뚱이만 남게 되는 사고가 발생합니다. 이에 더해 설상가상으로 독한 종기가 발생해 많은 사람이 죽게 되자 이를 두고 언약궤의 저주라고 생각하게 되었고 언약궤는 그들이 어떻게 해볼 수 없는 골칫거리가 되고 말았습니다. 이 문제를 해결하기 위해 동원된 제사장들과 복술자들(점이나 술법으로 인간의 운명이나 미래를 예견하는 자)이 한 방책을 제시하는데 그 방법이 새 수레에 금 쥐 다섯 개와 금 독종 다섯 개를 언약궤와 함께 담아 멍에를 매어 본 적이 없는 젖 나는 암소 두 마리에게 멍에를 매어 이스라엘로 돌려보내라는 것이었습니다.

이런 방법에는 몇 가지 문제가 있었습니다. 우선 젖 나는 암소에게는 송아지에 대한 본능적 모성애가 있습니다. 그리고 멍에를 매어보지 않은 소는 처음 멍에를 맬 때 뜻대로 움직여 주지 않고 몸부림을 치게 됩니다. 그런 암소를 한 마리도 아니고 두 마리나 동원해 수레를 옮기게 한다면 반드시 엉망이 되고 말 것입니다. 하지만 이렇게까지 했는데도 두 암소가 이스라엘의 변방이었던 벧세메스로 바로 가게 된다면 그동안 있었던 일련의 사건들은 하나님의 저주가 맞을 것이라고 여겼습니다.

결과적으로 두 암소는 송아지의 울음소리를 뒤로한 채 벧세메스로 곧장 나아갑니다. 그 길이 얼마나 괴로웠는지 성경은 암소들이 '갈 때에 울었다'고 기록하고 있습니다. 예로부터 소를 영물이라고 부르는 이유가 소는 도살장에 끌려갈 때를 기가 막히게 알고 눈물을 흘리기 때문이라고 합니다. 실제로 두 암소는 자기 집으로 돌아가지 못하고 벧세메스 사람들에 의해 하나님께 드리는 번제물이 되어 불에 타 죽고 맙니다.

두 암소에 대해 신학자들은 예수 그리스도가 이 땅에 하나님의 말씀(언약궤)을 가지고 내려왔다가 사람들의 손에 붙들려 십자가 위에서 죽은 사건을 예표한다고 합니다. 얼핏 보기에는 두 암소가 성경에 나오는 가장 불쌍한 짐승으로 보여지기도 하나 조금만 시선을 달리하면 블레셋이라는 이방 땅에서 태어나 여호와의 언약궤를 이스라엘에 돌려주고 하나님께 드리는 제물이 될 수 있었다는 것이 축복으로 보여지기도 합니다. 더불어 예수의 죽음을 예표하는 상징이 되기까지 했으니 어지간한 믿음의 위인들보다 더 나은 동물이 된 셈이지요.

우리는 사순절 묵상을 드디어 끝내는 시점에 와 있습니다. 성실하게 매일 한 장씩 묵상하셨던 분도 계실 것이고, 며칠씩 건너뛰며 몰아서 묵상하신 분들도 계실 것입니다. 아마도 고난주간에만 묵상을 하신 분들도 계실 수 있겠네요. 중간에 포기하신 분들은 이 글을 보지 못하시겠군요. 여기까지 오느라 수고하셨고 애쓰셨습니다. 여러분들의 성실함에 하나님의 축복이 함께 하시길 기원드립니다.

사순절 묵상을 하면서 조금이라도 십자가에 대한 관점의 변화가 일어난 사람들은 두 암소 이야기가 마음을 울릴 수 있을 것이라 여겨집니다. 세상 사람들 눈에는 두 암소 이야기가 그저 잔인한 구약의 동화 같은 이야기 같을지라도 십자가의 은혜를 깨달은 사람이라면 우리가 앞으로 어떻게 살아야 하는지 보여주는 이야기가 될 수 있습니다. 믿음 안에서 성공한 사람들은 돈 많이 벌고 멋진 연애를 하며 화려한 인생을 사는 사람들이 아니라 자기 삶 속에서 예수 그리스도를 드러내는 사람들입니다. 저는 바로 여러분들이 예수 그리스도를 드러내는 하나님의 성공한 사람들이 되시기를 바랍니다.

🛐 나의 묵상

🛐 나의 기도

집콕
사순절
청년묵상

말씀을 나누며

전재훈 목사 - 발안예향교회

하나님이 인간의 몸을 입고 이 땅에 내려와 죄인들을 위해 십자가에 달려 죽으시고 부활하셨다는 소식은 좀처럼 믿기 힘든 이야기입니다. 단순히 동화나 설화, 혹은 신화와 같이 교훈을 전하는 것도 아니고 역사 속에서 실제 이야기로 믿어야 한다는 것은 대단한 모험과도 같지요. 하지만 2000년의 세월 속에서 수많은 사람들이 예수님의 죽으심과 부활에 열광했고 삶의 의미와 소망을 발견했으며 예술인들의 음악과 그림 속의 영감을 불어 넣는 사건이 되었지요. 사순절 기간 동안 십자가의 의미와 그것이 내 삶에 어떤 영향을 미치는지 묵상해 보는 시간을 가졌습니다. 지구 반대편 먼 역사의 언저리에서 일어난 사건이 오늘의 내 삶에 영향을 조금이라도 줄 수 있다는 사실은 매우 놀라운 일이 될 것입니다. 더 나아가 그 사건으로 삶이 변하고 삶의 만족이 더 높아질 수 있다면 그것 만으로도 우린 구원의 길에 첫발을 내딛는 경험이 될 것입니다.

편집인의 글

채윤성 - 워십 큐레이터

예배를 예배되게! 예배는 시간과 공간에 갇힌 것이 아닙니다.
저는 우리가 있는 그 어디든 우리의 예배의 자리가 될 수 있다고 믿습니다.
집콕 말씀묵상을 통해 어디서든 우리를 위해 오신 예수님을 만나는
일상의 예배자가 되시길 응원합니다!

펴낸날	1판 1쇄 2023년 2월 10일
지은이	전재훈
펴낸이	채윤성
펴낸곳	올포워십
디자인	한미나
주 소	서울특별시 은평구 중산로13가길 9-11, 302호
전 화	010-7124-1671
팩 스	050-4046-1671
ISBN	979-11-976613-5-8

예배를 예배되게!
올포워십은 교회와 교회된 한 사람의
예배를 돕기위한 콘텐츠를 만드는 팀입니다.
여러분의 일상의 자리,
그 어디든 예배의 자리가 될 수 있기를 응원합니다!

Website: all4worship.com
SNS: Facebook, Instagram, Youtube, Naver Blog